AF372725

Uma carta do futuro, por Maycon Carvalho

Uma carta do futuro

Metaverso, uma Utopia real

Maycon Carvalho

1° Edição / 2023

[4]

Dados Internacionais de Catalogação na Publicação (CIP)
(Câmara Brasileira do Livro, SP, Brasil)

Carvalho, Maycon
    Uma carta do futuro : metaverso, uma utopia real /
Maycon Carvalho. -- 1. ed. -- Itaocara, RJ : Ed. do
Autor, 2023.

    Bibliografia.
    ISBN 978-65-00-62936-1

    1. Cartas 2. Ficção científica brasileira
3. Futuro - Perspectivas 4. Tecnologia I. Título.

23-146192   CDD-B869.308762

UMA CARTA DO FUTURO
Metaverso, uma utopia real.
MAYCON CARVALHO

Uma carta do futuro, por Maycon Carvalho

Uma carta do futuro, por Maycon Carvalho

Sumário

Uma carta do futuro, por Maycon Carvalho

Agradecimentos

Neste trabalho quero agradecer em especial uma pessoa que muito colaborou, e muito além disso, participou, viveu a Estória e até deu nome à personagens, entendeu e vivenciou muitos momentos da criação, se empolgou como se estivesse vendo um filme alucinante, resumidamente, sentiu o que eu sentia ao criar está estória, minha companheira, minha amiga, minha filha Isabella, muito obrigado por acreditar e sonhar junto comigo, seu apoio foi essencial para a conclusão desta obra.

Maycon Carvalho

Uma carta do futuro, por Maycon Carvalho

Introdução

Uma mensagem enviada do futuro, por um remetente que parece estar preocupado com o que as pessoas podem se deparar, quando descobrirem que o processo da evolução tecnológica ao passar dos anos, inclui a modificação do homem natural para homem virtual, levando-os a questionar o momento em que estamos e como seremos no futuro em que ele se encontra. Aberrações tecnológicas e uma mistura de homem com máquina é descrita de forma não fictícia, deixando óbvio que existe possibilidades técnicas de concretização da digitalização da consciência por meio de nano hardwares contendo softwares de alto poder de processamento e Inteligência, causando assim a desvalorização do corpo humano, transformando-o para muitos em apenas uma simples capa.

A possibilidade do homem ser o que quiser, e viver como quiser, fica disponível para a escolha de acordo com cada um, segundo as suas condições e aceitação do novo que é extraordinário e abominável ao mesmo tempo.

Um choque emocional entre tecnologias e crenças divide a população existente, assim de acordo com o conhecimento e as condições financeiras, grupos são formados para sobreviverem cada um na sua ideologia adaptável ao acontecimento atual.

Um herói do passado que vira vilão no futuro, assombra a humanidade interestelar, ela está protegida, mas sempre sente um temor a pairar, pela incerteza de que sua proteção irá funcionar.

Dedicatória

Dedico esta obra à todos que não conseguirão sobreviver ao avanço tecnológico, pois ignoram a possibilidade de adquirir o conhecimento básico para se adaptarem às tecnologias existentes. Houve dias, em que era normal ouvir alguém dizer que não sabia nada sobre computadores ou aplicativos diversos, porém, tarde perceberão o quanto era importante.

Maycon Carvalho

Prefácio

O livro faz uma projeção pessimista sobre o futuro da humanidade mostrando os desdobramentos das tecnologias digitais do presente sobre os acontecimentos dos próximos trinta anos. O autor nos convida a reflexão sobre o que de fato significa avanço e regresso para a civilização humana.

De onde viemos? para onde vamos? não importa desde que cada um viva de seus desejos e ilusões e o que é a tecnologia senão o meio para que as pessoas cheguem a esse estado? marte, lua, terra, metaverso, supercomputadores são apenas nomes quando a felicidade a ser conquistada é mais do que material ou virtual.

É um livro que nos faz refletir sobre múltiplos temas, alguns bem óbvios a medida que avançamos na leitura, e outros nem tão evidentes até que olhemos para as nossas próprias vidas.

Quem seria você nessa história e por que? talvez a mesma tecnologia usada para enviar um alerta do futuro poderia trazer a humanidade de volta ao ponto de partida da história, ou melhor! Se você pudesse retroceder no tempo o que você diria ao seu eu do passado? concertar os erros antes que eles aconteçam; lógico, mas como saber a hora certa de concerta-los e quais são os erros? e se as mensagens do futuro forem blefes e atrapalharem o curso do que na verdade daria certo?

É uma obra imperdível para quem gosta de ambientes futuristas e reflexões existenciais. Aproveitem!

Dr. João Paulo Lima Daher
MD/MSC/PHD

Uma carta do futuro, por Maycon Carvalho

Cap.1

De Marte para Terra

Marte, 15 de dezembro de 2050
Prezado Planeta Terra em 2022,

A princípio, já quero esclarecer que não sou um extraterrestre, nasci na Terra, porém hoje estou aqui pelos motivos que expressarei no decorrer desta carta. Aconteceu que bem antes do ano 2022, quando um bilionário resolveu investir sua fortuna e sua vida para avançarmos na questão viagem espacial, e agora 28 anos depois estou aqui, bem depois da lua, é o segundo corpo celeste alcançado e dominado pela humanidade depois do sucesso da missão Artemis que se concretizou em dezembro de 2022, mais especificamente, estou em Marte.

A lua atualmente se tornou uma espécie de rodoviária espacial, ou algum tipo de base, lá moram pessoas, porém, somente pessoas voltadas para manter o funcionamento normal das instalações de suporte e da ordem de movimentação de viajantes entre planetas, estes, estão a passar da Terra para Marte ou de Marte para a Terra, tendo como parada principal a lua, há também aqueles que estão por determinado tempo à fim de adaptar-se às mudanças que influenciam no funcionamento normal do corpo, devido vários fatores que podem interferir, é como quem não tem costume de andar de navio em alto mar, alguns precisam de tempo para se adaptar, o fator psicológico também é analisado ali, pois viajar de um planeta para outro a primeira vez pode ser uma experiência no mínimo alucinante ou amedrontadora, mas a maior parte se adapta rápido e bem.

Lembro-me como se fosse hoje! Era 11 de dezembro de 2022, foi o dia em que a SpaceX em conjunto com a NASA, conseguiu trazer de volta da lua a espaçonave Orion, enviada na Missão Artemis, eu assisti ao vivo transmitido pela própria NASA; a reentrada na atmosfera que era uma grande preocupação foi um sucesso, assim, Orion pousou com ajuda de 3 grandes paraquedas nas aguas do oceano. O planeta vibrou pelo feito e houve grande comemoração, muitos se preocuparam e logo começaram a surgir perguntas como:

.   A lua tem um dono?

.   Por que não investimos todo esse dinheiro em nosso planeta?

.   Acabamos com a Terra e vamos acabar com Marte também?

. Quem nos dá o direito de tomarmos outro planeta como nosso?

O bilionário audacioso por traz da SpaceX, sempre tinha uma resposta satisfatória para as câmeras.

Atualmente vivemos aqui em Marte em uma grande redoma, aqui tudo é muito bem controlado e organizado, assim isso já era anunciado por volta de 2018 quando ao ser entrevistado, o CEO da SpaceX disse em resposta, que a cidade operaria num tipo de democracia direta. Basicamente traçou um paralelo aos primeiros tempos dos Estados Unidos, onde a democracia representativa era mais lógica devido ao tamanho do estado nascente. Nesta entrevista foi apresentado a seguinte imagem que dava uma ideia de como seria a base em marte.

Foi declarado ainda em entrevista que Marte seria um planeta livre, mas na pratica só podem morar aqui quem tem condições de desembolsar uma boa quantia em dinheiro, só que o dinheiro aqui em 2050 não é esse que vocês utilizam, o dinheiro de papel ou metal foi extinto faz um bom tempo, começou com Brasil que criou o real digital que no início ninguém entendia muito bem, mas com o passar do tempo todos aderiram e o país se tornou pioneiro nessa questão e também exemplo para outros diversos países, junto disso o país também regulamentou as temidas e "assustadoras" para os menos entendidos, as criptomoedas, ou o termo mais usado, criptoativos.

Os Cachalotes

O nome Cachalotes foi dado por fazer referência à maior das baleias dentadas e o maior predador com dentes, baleias fazem referência aos maiores detentores de Bitcoin. Na ocasião, quando a lei no Brasil foi sancionada os ativos digitais estavam em uma baixa sem fim e muitos diziam ser o fim do mercado cripto, o próprio Bitcoin pai de todos os ativos digitais caiu 70% de seu valor, em uma faze chamada pelos analistas de mercado de Bear Market, foi avassalador a perda financeira de muitos na ocasião, pessoas perderam a casa, outros o carro, a economia de suas vidas, e alguns perderam até mesmo suas próprias vidas pelo desespero, mas aqueles que souberam investir e investiram aquilo que não lhes faria falta e sem pressa de ver o retorno do seu investimento, estes se deram muito bem no longo prazo e quem acreditou que o mundo cripto iria acabar, viu a olho nu muitos se tornarem baleais de Bitcoin, bilionárias, hoje nós estamos aqui.

Era muito estranho e desconfiável ver o mundo declarar o fim do Bitcoin e do mundo cripto fazendo automaticamente seu preço cair a quase nada e enquanto isso por outro lado as maiores empresas e bancos aproveitando a baixa do ativo, entravam com tudo e o adquiria por ganância de oferece-lo aos seus clientes assim que o mercado retomasse seu andamento normal, os bancos entraram em um mercado que eles muito criticavam devido ter sido um mercado de grande concorrência para eles, além das pessoas não deixarem suas economias em planos de investimento bancários, ainda faziam empréstimos bancários para investir no mundo cripto, isso foi identificado, "coincidentemente" logo começou a queda de diversas empresas que custodiavam os valores de clientes que não entendiam de operações no mercado cripto e contratavam estas mesmas para realizarem operações diversas, mesmo com a queda dessas empresas a procura por ativos digitais ainda continuava crescendo, visto isso perceberam que não adiantava lutar contra este fato, o melhor a se fazer era entrar no ramo dos ativos digitais também, o mercado cripto estava em uma alta imparável, sendo assim, conseguiram ao menos derrubar o preço do ativo com uma estratégia chamada FUD, é uma abreviação de "Fear, Uncertainty and Doubt" que significa **"Medo, Incerteza e Dúvida"**. A expressão é utilizada para descrever o estado psicológico dos participantes do mercado cripto quando o mesmo se encontra em períodos de baixa. Para quem entendia de mercado financeiro ficava óbvio a estratégia utilizada pelos banqueiros e suas segundas intenções. Com isso eles conseguiram entrar no mercado com o preço do ativo bem mais acessível e agora ficaram aptos a oferece-lo com lucros exorbitantes. Em pouco tempo as pessoas começaram a receber notificações de seus bancos anunciando que iriam oferecer o Bitcoin.

Atualmente em 2050, seja na Terra, Lua ou Marte o Bitcoin é o dinheiro que comanda, comparando-o com o valor do dólar em 2022, ele hoje vale $1.525.210,052,00 (Um bilhão quinhentos e vinte e cinco milhões, duzentos e dez mil e cinquenta e dois dólares).

Apesar dos esforços, atualmente os bancos não existem mais, tudo é descentralizado por tecnologias blockchain, as carteiras são anônimas, de simples acesso e de fácil transferência.

Mesmo com as especulações, o Bitcoin realmente se tronou a moeda do futuro, vencendo todas as estratégias que vieram contra ele.

Em Marte é assim.

A vida aqui é estranha, é o mais próximo que podemos imaginar do que seria uma vida aparentemente normal como vocês vivem aí em 2022. Fica claro no meu expressar, que lutamos pelo desenvolvimento tecnológico para progredirmos em todos os aspectos e agora estamos tentando voltar para o mesmo lugar em que estávamos, visto que estamos tentado ter uma vida mais próxima do normal como tínhamos aí por volta de 2022, é como se estivéssemos rodando em círculos, e ao chegarmos aqui percebemos que estamos na metade do caminho, isso é decepcionante para quem achava que talvez chegaríamos no fim de uma jornada, porém a humanidade não se fartaria enquanto não chegássemos aqui, mesmo que decepcionante, foi preciso realizarmos essa caminhada para entendermos que tudo já era perfeito e que o fim dessa caminhada na verdade não é onde estamos agora, ele é o próprio começo, mas pelo visto perdemos o caminho de volta.

Aqui em Marte como eu disse anteriormente só mora quem é cachalote porém, ninguém tem vida mole não, todos têm compromisso e não podem errar, o fato de sermos baleias aqui é normal, esse termo na terra pode até suar respeito e admiração, mas aqui em Marte um cachalote é apenas mais um, ninguém se sobressai, existem regras e elas não podem ser feridas, principalmente às que dizem respeito sobre preservar o planeta, afinal; já destruímos um e não queremos repetir o erro.

Na questão de preservação, as regras são bem severas, a ponto de quem a desobedecer, ter este cometido crime! porém este não vai ser encaminhado para nenhum sistema prisional, aqui ficou definido que o sistema prisional não entra, mas o infrator vai pagar caro sendo enviado de volta para a Terra e perdendo para sempre o direito de retornar. Não há chance ou oportunidade aqui de reabilitarmos ninguém, não podemos perder tempo com isso, há outros esperando sua oportunidade para morar aqui, visto que por enquanto há um limite aceitável de moradores, sendo assim, quem errou já era, abre vaga para outro, este outro ao chegar já tem como exemplo a queda de quem lhe disponibilizou a vaga e a tendência deste é não errar, o foco aqui é melhorar o sistema para melhor viver.

Os keiNerds

Existe uma parte de moradores em Marte que não possuem riquezas compatíveis e necessárias para morar aqui, porém nós precisamos deles; sendo assim, fazemos processo de seleção constantemente para tê-los aqui, visto que dinheiro não significa conhecimento ou sabedoria, óbvio que alguns por intermédio da sorte pode até possuir dinheiro, já sabedoria, a sorte não vai lhe ajudar.

O termo KeiNerds foi formado com base nos significados das palavras QI e NERDS. QI significa "quociente de inteligência", NERDS são pessoas que geralmente têm interesse apenas por assuntos técnicos ou científicos, esses quesitos podem ser identificados ainda bem cedo em uma pessoa.

Os KeiNerds aqui no futuro têm seu valor e são para nós aqui em Marte extremamente necessários, não há preconceito sobre isso aqui em relação aos cachalotes, conhecimento e sabedoria aqui vale o mesmo que dinheiro.

Os KeiNerds podem ser de diferentes grupos, eles surgem com um talento e intelecto tecnológico nascido, independentemente de sua origem, eles são uma pequena parte e são como se estivessem extintos, difíceis de se encontrar, o processo é cheio de candidatos sonhadores de morar em Marte, mas encontrar um KeiNerd é como procurar uma agulha em um palheiro.

O sistema de processo ao longo da vida sempre foi criticado, porém ainda hoje não conseguimos evoluir de nenhuma forma ou encontrar um algoritmo para banir este meio, parece que infelizmente os sistemas de processo ou seleção sempre vão reger nossas vidas, parece triste mas é funcional, atualmente processo e seleção é a chave para conquistas e evolução.

Os Noobs

Na Terra ainda há vida, o problema é que as coisas lá ficaram meio malucas e muito fora do normal, existe um grupo de pessoas tentando viver lá de forma mas normalizada possível, mas as dificuldades são muitas, passam fome e alguns morrem, eles têm que plantar e colher sua própria comida e também retomaram o costume da caça e pesca, eles não evoluíram tecnologicamente, não conseguiram acompanhar a evolução do desenvolvimento tecnológico que foi avassalador, rápido e causou exclusão automática de muitos, principalmente do sistema financeiro, visto que o método de pagamento e recebimento mudou 100% para ativos digitais virtuais, e a forma de aderir a esse sistema era por meio de implantação de chip em alguma parte do corpo, neste caso, já envolveu toda aquela questão religiosa onde parte da população cristã temia que fosse o sinal da besta, o qual a bíblia, livro muito vendido na ocasião fazia referência, posição está que diversas bandeira religiosas pregavam e seguiam com toda a disponibilidade de fé que pudessem ter. Assim muitas pessoas literalmente fugiram para as montanhas, conforme textos bíblicos existentes, e interpretando-os como orientação de vida, assim o seguiram. Foram inspirados por textos bíblicos como esses a seguir, entre outros diversos.

Lucas cap,21 v 21: Então os que estiverem na Judeia fujam para os montes, os que estiverem na cidade saiam, e os que estiverem no campo não entrem na cidade.

Lucas cap,21 v 25: E haverá sinais no sol e na lua e nas estrelas; e na terra angústia das nações, em perplexidade pelo bramido do mar e das ondas.

Lucas cap,21 v26: Homens desmaiando de terror, na expectação das coisas que sobrevirão ao mundo; porquanto as virtudes do céu serão abaladas.

Estima-se que eles serão automaticamente extintos com o tempo ou sua descendência regredirá às formas antigas de vida que existiam antes do que chamamos de civilização.

Dentre estes, estavam também aqueles de tinham pouco conhecimento devido sua baixa capacidade mental e de aprendizado, eles os acompanharam, geralmente é o que acontece quando alguém não sabe como proceder por falta de conhecimento, preferindo acompanhar o mais próximo grupo por entender que eles o possuem e ou por ser o mais fácil para eles acompanharem, visto que agora não existem programas de auxílio ou algo parecido que possam ajudar a população mais carente, a lei que vigora atualmente é a CUNSQ, é abreviatura popularmente conhecida como: "Cada um no seu quadrado".

Os Utópicos

Existem Aqueles que se adaptaram ao desenvolvimento tecnológico porém não têm condições de irem para Marte, morar no nosso novo e supostamente perfeito meio de civilização, onde todos colaboram para o bem maior do planeta. Eles vivem no planeta Terra mas não em terra, pois um meio um pouco mais em conta financeiramente falando, se tornou uma opção mais interessante para eles viverem, visto que eram ricos porém não eram baleias, a termo de comparação, os Utópicos são milionários, já os cachalotes são bilionários, mas também existem aqueles que optaram por não ir para Marte, mesmo tendo capital para isso.

Esta outra opção, quando surgiu tinha altos valores, mais devido à pouca adoção do público, as empresas responsáveis, mediante analise do aumento populacional entenderam que com um custo mais acessível conseguiriam uma quantidade maior de adeptos que os favoreceriam em altos lucros, após entenderem que preço baixo + quantidade alta = lucros exorbitantes, lucro muito maior do que, preço alto + quantidade pequena = lucro insatisfatório.

Após isso, uma grande massa da população aderiu ao produto, produto este que começou a se ouvir falar em 2022 mais já era conhecido a alguns anos antes disso, o nome mais popular da época era Metaverso, este nome se mantem até hoje, porém diferente da ocasião, hoje se tem na pratica o que realmente é o Metaverso, demorou muito, mais quando na prática foi alcançado, foi uma explosão eufórica de adesão ao mundo do Metaverso, no princípio, devido ao choque de absorção da nova tecnologia, as ruas ficaram abandonadas, todos queriam de alguma forma experimentar, isso é normal em novidades tecnológicas, existe uma porcentagem de pessoas que experimentam e seguem suas vidas normais posteriormente, talvez a princípio dedicam tempo demais naquilo, mas depois retornam suas vidas normais, mas também existem os que viciam e não conseguem viver mais sem aquilo, aconteceu com diversos aplicativos no passado como: Facebook, Isntagran, jogos online, WhatsApp e outros. Assim também foi com a chegada do Metaverso, tiveram suas experiências com o Metaverso e depois seguiram suas vidas normalmente, estes vieram a se tornar um novo grupo que falaremos um pouco mais a frente, já os Utópicos são aqueles que resolveram viver suas vidas de forma vitalícia no mundo do Metaverso e deixaram de vez de viver na vida real assim que encontraram meios e suportes para isso.

Cap.2

Metaverso

Existia já há alguns anos, projetos em blockchain voltados para o desenvolvimento de ações e atividades no meio virtual, como exemplo tivemos: Reuniões, Shows, Jogos e outros, também já iniciavam as práticas de vendas de terrenos virtuais, avatares, etc. O que se anunciava era uma utopia, mas ao adquirir qualquer uma das opções disponibilizadas o sentimento na verdade era de frustração, era como se você quisesse comprar um papagaio e te vendessem um periquito.

A concretização do Metaverso quando surgiu, era por intermédio dos conhecidos e ultrapassados óculos VR.

Os óculos VR, simplesmente te faziam ver uma imagem de alta resolução com um óculos literalmente amarrado em sua cabeça, tirando sua visão de tudo o que estava fora campo de alcance do óculos, se alguém se lembra ainda do freio de burro, era parecido, o animal usava este recurso para enxergar somente para onde seu condutor o guiar, o que o Metaverso era no princípio é de causar vergonha atualmente, na verdade, isso hoje é uma piada.

Até que Surgiu uma nova tecnologia que parecia estar sendo desenvolvida de forma silenciosa e em segredo, visto que quando foi anunciada sua existência, já logo anunciaram um prazo de apenas 6 meses para começar a implanta-la em humanos, essa tecnologia a princípio não foi focada na questão Metaverso, mas com o seu surgimento logo perceberam que a união das duas tecnologias fariam uma revolução tecnológica avassaladora nunca vista antes, veja a seguir sobre esta revolucionária e modificadora de seres humanos naturais, à partir dela o mundo nunca mais foi a mesma coisa.

Neuralink

Ela surgiu com uma proposta que corrompia todos os princípios humanos e era temida pelos religiosos de todas as bandeiras.

A proposta era implantar um memory card diretamente em nosso cérebro contendo um software inteligente, isso a grosso modo de dizer; já a junção da tecnologia do Metaverso com a Neuralink, ligava homem com a máquina, especificamente dizendo, ele transformava a consciência natural em uma consciência digital, ligando e tornando o software e o espirito humano em um só, podendo assim o homem se introduzir na pratica dentro do www, que significa **World Wide Web,** a famosa teia que liga tudo no mundo virtual, fazendo assim uma conexão única de homem e tecnologia, mundo real e utopia.

O produto a ser vendido era anunciando como a oportunidade do homem ser quem quiser e viver o que quiser, ou seja o homem natural e real poderia viver no mundo virtual aquilo que quisesse viver como se estivesse no mundo real, todos os prazeres e desejos da vida podem agora ser realizados, nada é mais impossível, homem pode ser mulher ou mulher pode ser homem, ou se acharem melhor podem até ser animais, super-heróis, e diversas outras opções, de acordo com sua condição financeira o homem pode agora viver em seu mundo particular sendo ele quem ele quiser ser e no mundo em que ele desejar viver, podendo ele viver no mundo de um jogo que ele goste sendo ele o jogador que escolheu, ou um filme que goste como um ator que seja fã, as limitações físicas para aqueles que são portadores de deficiências no Metaverso já não existe mais, é um "mundo perfeito".

Um exemplo cinematográfico existente que exemplifica a utilização de avatares em um mundo virtual onde o jogador se torna seu personagem escolhido, é o filme Jumanji-Bem vindo À selva, lançado em 2018.

Jumanji

No filme Quatro adolescentes encontram um videogame cuja ação se passa em uma floresta tropical. Empolgados com o jogo, eles escolhem seus avatares para o desafio, mas um evento inesperado faz com que eles sejam transportados para dentro do universo fictício, transformando-os nos personagens da aventura, já a continuação deste filme em uma nova produção chamada de Jumanji-Nova Fase, o filme mostra que um dos personagens pelo fato de estar já velho e prestes a morrer na vida real, decidiu ficar online para sempre, escolhendo como personagem um cavalo com asas, mais conhecido como Pégaso.

Porém a forma de entrada para o mundo virtual demonstrada no filme deixa muito vago o entendimento de como seria esse acontecimento, por isso vou demonstrar alguns exemplos cinematográficos de como isso de fato poderia ser possível, vejamos!

The 100

Nesta série em seus capítulos finais existe um grupo de pessoas que já vivem a muitos anos além do possível de se viver, isso foi possível por terem alcançado uma tecnologia que conseguia fazer o backup da mente humana e digitaliza-la em um chip, a partir daí, este chip podia ser implantado em um outro corpo qualquer, ele automaticamente formatava o cérebro da pessoa e a partir daí o chip que possuía uma consciência digitalizada de outra pessoa, assumia este novo corpo como se fosse dele, e assim continuava vivendo eternamente, mas para isso era preciso que houvesse pessoas disponíveis a serem utilizadas, para o que alguns chamavam de transição.

Nova Capa

Nesta série há uma boa demonstração de consciência digitalizada, no período em que se passa, a mente humana era depositada em uma espécie de cartucho, nesse período a carne humana é chamada apenas de capa, e a morte da carne não traz mais medo a ninguém, cerimonias de sucessão é muito praticado para manter em vida uma consciência que outrora foi digitalizada.

Upload

Upload mostra um mundo com um "pós vida digital", onde empresas de tecnologia conseguiram criar e comercializar uma espécie de vida após a morte de forma digital, ela integra a consciência de pessoas prestes a morrer a uma realidade virtual.

Atualmente não seria ao pé da letra bem assim que aconteceu, não pela parte em que se toma o corpo de outras pessoas, mas a técnica de implantação do chip e digitalização da consciência é bem parecida, a diferença é que o chip implantado leva o homem diretamente para a rede, digitalizando sua consciência onde o mesmo tem a opção de se eternizar dentro da rede se assim o desejar.

A Neuralink vai muito além do que podemos imaginar, ela tornou a Utopia em uma realidade possível simplesmente pelo fato de entender que tudo é possível através de estímulos e impulsos cerebrais, estes lideram a sensação e a percepção dos prazeres diversos que o homem pode sentir, e torna real para o cérebro o mundo de utopia em que ele deseja viver, sua primeira intenção de implantação foi anunciada em 2022, apenas 6 meses após o anuncio da existência da nova tecnologia, na época todos acharam uma aberração, algo que ia contra todos os princípios humanos e religiosos, os defensores de animais se enlouqueceram ao saber que estava acontecendo testes nas escuras, como sempre os animais sempre precedem os experimentos e ficam sujeitos ao sofrimento, foi assim até na viagem ao espaço, coitados! Aqui em Marte não é permitido animais.

Hoje, grande parte da população aderiu ao sistema de implantação da Neuralink, com o tempo as coisas ficam mais aceitáveis, e aquilo que era uma aberração se tornou uma espécie de salvação, entenderam que seria a forma mais fácil de viver como sempre sonharam, o implante da Neuralink, uniu homem real ao mundo virtual. Para muitos o corpo passou a ser simplesmente uma capa, com a Neuralink pode o homem viver em seu mundo virtual particular.

Existe a possibilidade de descartar de vez o corpo e ficar online para sempre, mas essa barreira ainda não foi quebrada para o homem aqui, a possibilidade de descartar seu próprio corpo é algo inaceitável e abominável para os Utópicos e para a humanidade; refletindo penso: "como se a vida que eles optaram viver já não fosse algo terrível".

Creio que você tenha percebido que aqui em 2050, a população se dividiu em alguns grupos ou classes, estes grupos são cinco e quatro já falei sobre eles anteriormente veja!

OS CACHALOTES – nome que faz referência à baleias de Bitcoin, somente estes podem viver em Marte, pelo seu auto poder financeiro.

OS KEINERDS – nome que faz referência à pessoas de alto conhecimento e fácil aprendizado, eles possuem o QI elevado acima do normal, eles tiveram passagem liberada para Marte.

OS NOOBS – nome que faz referência aos de pouco conhecimento tecnológico, estes foram para longe da civilização, que outrora era comum, preferiram regredir do que se aprimorar ao ponto de se tornar uma aberração humana, e rejeitaram as opções disponíveis a eles que seria, morar em marte se tivessem condições financeiras para isso, viver no mundo virtual ou ter um chip implantado no corpo.

OS UTÓPICOS – nome que faz referência à palavra utopia, visto que estes resolveram viver no mundo virtual mais conhecido como Metaverso, deixando seus corpos em um tipo de estado de coma induzido.

Agora vamos falar da última classe de pessoas existentes aqui, não mencionei anteriormente, mas fica óbvio que para que toda essa fantasia dos Utópicos possa ser realizada, eles necessitam completamente desta última classe existente, sem essa classe de pessoas os Utópicos não existiriam, conheça agora os TheWorks.

Os TheWorks

O nome TheWorks, foi dado a eles pelo fato de fazer referência à trabalho na origem da língua americana que em sua forma correta de escrita se representa como "The Works", traduzida para o português significa: Os trabalhos.

Esse é o grupo de pessoas que não optaram viver nenhuma das outras opções anteriores, não querem morar em Marte, não querem fugir para as montanhas e muito menos viver no Metaverso, existe uma parte deles que até desejam morar em marte, porém não têm condições financeiras para isso, assim estão melhor adaptados neste grupo.

Os TheWorks, como disse anteriormente são extremamente essenciais para a existência dos Utópicos, pois enquanto eles vivem no Metaverso em uma utopia inacabável, seus corpos precisam ser mantidos em perfeito estado e segurança, são necessários: massagem corporal para não atrofiamento dos músculos, banho, implementação de alimentos por sonda, e muitos outros, isso se dá pelo fato de que o estado de seus corpos quando estão no Metaverso é semelhante à uma pessoa em coma, O coma é um estado de sono profundo do qual a pessoa não pode ser despertada, mesmo com estímulos dolorosos, sonoros ou visuais. Ela fica de olhos fechados e não tem nenhuma interação com o ambiente, a única coisa que diferencia é que o utópico pode despertar quando ele quiser, porém eles nunca querem, viver no Metaverso é um vício sem fim e eles somente querem estar lá. É como um gamer que entra em seu quarto para jogar e não percebe se já é dia ou noite e fica ali jogando e em muitos casos sem se alimentar, e isso se passa por dias.

Os TheWorks ao ver esta necessidade dos Utópicos se especializaram em um tipo de cuidador de utópicos, eles são uma mistura de técnicos de enfermagem com técnicos de informática, eles possuem as habilidades necessárias para o que for preciso em dar assistência aos cuidados dos corpos dos Utópicos.

Cada Utópico tem seu TheWork, este é seu braço direito e de alto nível de confiança, tem autoridade para agir o que for preciso no mundo real para auxiliar seu Utópico.

Os meios de pagamento são virtuais sendo assim o Utópico efetua o pagamento do seu TheWork virtualmente dentro do metaverso mesmo, as tecnologias em que foram criadas as formas de pagamento virtual e o metaverso são a mesma, a comunicação entre eles também é feita de forma virtual quando necessário for, sendo que a comunicação é um fator devidamente restrito à alguns poucos assuntos que realmente sejam necessário, isso para não interromper no andamento virtual da vida do utópico, visto que este vive no mundo virtual mas tem que ter compromisso de averiguar como está a sua existência no mundo real, por isso deve em determinado tempo, averiguar sua caixa de mensagens e responde-las quando for o caso, sua comunicação com o mundo real é somente com seu TheWork, como se dizia aí no passado: "Blockchain é o futuro!".

O ativo digital mais utilizado é o pai de todos, o Bitcoin, mas existem outros que se destacam também como: o Etheriun, bnb, Real digital, Shiba, Floki e Dogecoin. Este último ativo o Dogecoin, tem uma curiosidade em especifico devido ter sido programado anteriormente pelo Utópico Master, isso foi quando ele ainda era humano, ele foi o causador de toda essa bagunça tecnológica, para muitos ele foi um herói e para outros ele é um vilão, mas especificamente eu entendo que ele foi um herói aí no passado e ele é um vilão aqui no futuro, falaremos sobre ele um pouco mais a frente.

Cap.3

O extremo de tudo!

Toda essa bagunça virtual começou a se extremizar aí em 2022, por esse motivo resolvi te escrever, pensei em deixar conhecido que a vezes achamos que as coisas estão ruins, mas passando o tempo percebemos que na verdade tudo era perfeito e simplesmente não sabíamos, a humanidade ficou sem percepção devido ao insaciável desejo de inovação, sinceramente não sei onde podemos chegar, parece um caminho sem fim. Aqui em 2050 estima-se que somos 11 bilhões e 500 milhões de habitantes, incluindo nessa contagem a Terra, Lua e Marte.

A maior parte da população permanece na terra, mesmo com os Utópicos em hibernação, sempre há movimentação pelas ruas das cidades, em sua grande parte são TheWorks, a CUNSQ segue vigorando, os interesses maiores estão voltados para artigos tecnológicos sendo assim a taxa de homicídios é pequena, os crimes também evoluíram em grande parte para a tecnologia, nessa área existe uma espécie de polícia tecnológica e não existe uma polícia para defender interesses da população, a massa da população deixou de ser o foco a muito tempo, assim cada grupo define seus objetivos e interesses próprios.

Morar em marte tem suas vantagens, aqui algumas coisas ainda se levam em conta, por exemplo: o sentimento da pessoa, não é visto apenas como um produto como era aí em 2022.

Agora vou te falar um pouco mais de como isso tudo aconteceu!

O precursor de tudo isso, foi um bilionário estampado pela mídia de excêntrico que surgiu em sua época, ele não era ninguém, era filho de pessoa famosa, mas tinha sabedoria em tecnologia e assim se aprofundou em seus estudos, até que ele desenvolveu um sistema de pagamentos online entre pessoas físicas e jurídicas, esse sistema foi revolucionário para o comercio mundial, um algoritmo de aplicativo podendo ser utilizado em um aparelho que vocês chamavam de celular ou Smartfone, todos podiam comprar e pagar por ele, isso o fez conquistar muito dinheiro, hoje em dia não utilizamos mais o aparelho de celular ou Smartfone, eles ficaram ultrapassados.

SEV

Um software, parecido com o existente aí de 2022 ainda existe, a versão do Android mais atualizado aqui é o Android 295, mas utilizamos somente o software, o hardware como os Smartfones ficaram para trás, desde que foi lançado a Neuralink, baseado nela outra tecnologia foi criada, porém somente voltada para ter a aplicação do sistema operacional Android, sua forma de ser executada é em um nano chip, este não deixa de ser um hardware, porém é tão imperceptível que nem notamos sua presença, essa tecnologia foi nomeada de SEV, abreviatura da frase "Só Eu Vejo", a SEV é implantada em nosso fronte fazendo contato com as córneas oculares, dessa forma podemos enxergar a tela inicial do sistema operacional, como um segundo plano de visão, emitindo comandos em um teclado virtual que é espelhado a nossa frente, tudo isso somente o usuário pode enxergar. Pode parecer bem terrível para você saber que hoje utilizamos isso aqui, mas, perto da proposta da Neuralink, entendemos que isso não é nada, e hoje pode se dizer que 50% da população utiliza essa tecnologia, aqui em Marte é obrigatório a sua utilização.

Continuando a falar sobre o excêntrico bilionário, em um certo momento ele resolveu investir sua vida e dinheiro para questões que a humanidade não conseguia evoluir, como a viagem espacial que já a muito tempo era fracassada e atemorizada devido as falhas, acidentes e mortes ocorridas.

Após entrar em acordo com o órgão espacial, dedicou fortemente seus esforços para realizar a proeza, conseguindo concretizar seus objetivos no dia 11 de dezembro de 2022, quando trouxe para a terra uma espaçonave que tinha enviado anteriormente para a lua, o sucesso do pouso no retorno foi um marco histórico, muito comemorado na ocasião, já atualmente, pensamos: porque fomos nos envolver nisso?

Enquanto tudo isso acontecia, ele ainda trabalhava como em secreto em outro projeto inovador, e quando trouxe à mídia, já anunciava que iria começar os testes e implantes em humanos em um curto período de 6 meses, assim apresentava ele para o mundo, a Neuralink. Hoje 30% da população utiliza um dispositivo ligado ao cérebro, anteriormente quando anunciado, muitos perguntavam: Quem vai ser o primeiro maluco a experimentar isso?

O Utópico Master

O tempo passou e o bilionário desbravador envelheceu, ele é o único atualmente que aceitou o estágio máximo da Neuralink fazendo um upload de seu cérebro como administrador máster do código da Neuralink, permanecendo vivo eternamente dentro da rede, diferente dos Utópicos, como administrador, ele tem poder para entrar no mundo virtual de cada um que ele quiser, ou em um mundo somente dele, até mesmo pode surgir no mundo real de alguma forma como por exemplo: hologramas, que podem ser gerados, até mesmo com feixes de luz de alguma tecnologia qualquer existente ao seu alcance, ou se achar necessário pode assumir o corpo de um utópico por um determinado tempo, isso pelo fato de ele mesmo ter criado o algoritmo da Neuralink e só ele conhece o código por completo, como os utópicos estão com a Neuralink implantada, então estão sujeitos a isso, claro que quando a tecnologia foi divulgada essa possibilidade não foi abordada, assim ele pode fazer de tudo dentro da rede que seja de seu interesse, por isso ele ficou conhecido como o Utópico Master. Veja em seguida um exemplo cinematográfico existente de como isso seria possível.

Transcendence – A Revolução

Lançado em 2014 o filme mostra como um cientista que revolucionava no meio tecnológico sofreu um atentado a vida, assim seus amigos mais próximos de trabalho, o levaram para o laboratório onde anteriormente eles faziam seus experimentos, vendo que iria morrer, resolveram fazer o upload de seu cérebro o lançando para dentro da rede e o tornando vivo no mundo virtual, até que ele descobre um meio de retornar no mundo real, antes tido como herói agora todos o temem.

A vantagem de morar aqui em Marte, é que apesar da ideia da viagem espacial ter sido desenvolvida pelo Utópico Master ainda quando era humano, aqui ele não tem acesso, mas você pode se perguntar: Como isso seria possível se ele é o criador e desenvolvedor de tudo isso? Veja a seguir o que aconteceu para chegar a esse ponto!

O Código Elon

Ao perceber todo isso desde o início, seu braço direito e sócio, atuou muito bem como seu confidente, ele já o acompanhava a anos e temia o que seria capaz de presenciar. Ocultamente elaborou um plano, uma tecnologia e um algoritmo como se fosse uma segunda opção para Marte se tudo desse certo. Esse algoritmo se baseia em uma internet que somente funciona em Marte ela é totalmente desligada da rede da Terra, não há caminhos para se ligarem as redes da Terra e Marte, e isso tudo foi criado com um propósito; ao ver que o Utópico Master se lançaria na rede como administrador máster, ele queria que o Utópico máster não tivesse acesso a Marte de forma alguma, temendo que o mesmo fizesse a população de Marte serem escravos ou algo do tipo. Ao perceber o processo de upload do Utópico

Master ao mesmo tempo ele colocou seu algoritmo em funcionamento e modificou a internet de marte como era em seu plano, logo já em Marte, ele foi tido como rei pois era de conhecimento dos que ali estavam sobre o que poderiam estar sujeitos, todos temiam o mesmo.

Ao concluir o upload, o Utópico Master ao perceber que estava limitado somente à Terra, se enfureceu deixou todos os seus objetivos de lado e voltou seus esforços para realizar sua vingança, porém ainda hoje ele não conseguiu entrar aqui, já tentou diversas vezes pela fronteira das redes que se localiza na base lunar, mas até então sem sucesso.

Devido as diversas tentativas de infiltração, nosso Rei criou um algoritmo de defesa contra o Utópico Master, esse algoritmo se chama o Código Elon.

O Código Elon foi programado estritamente com foco em rastreamento do código Neuralink, visto que aqui ninguém utiliza esse implante nem código, aqui em Marte Utópicos não podem entrar, assim qualquer coisa parecida encontrada em nossa rede, será totalmente destruído e aniquilado. Porém, nos paira uma dúvida se realmente o código vai funcionar, esse é nosso maior temor.

O que nos tornamos?

No fim de tudo, nos tornamos um formato irreversível de uma espécie de junção de homem e máquina virtual, talvez uma abominação, no fundo não sabemos se somos homens ou máquinas, alguns livros aí no passado tentavam nos alertar sobre essas questões de que as tecnologias estavam tomando conta de nossas vidas sem percebermos e nos levando a tomar atitudes influenciadas pelos interesses próprios de cada instituição, porém para muitos era tudo balela, agora nos arrependemos e choramos amargamente, felicidade? Não sei se isso existe aqui se não for por intermédio de indução cerebral. Tudo isso no passado era apenas história, mas agora estamos uma parte na Terra, outra na Lua, nós aqui em Marte e outros no metaverso, cada um com a sua loucura em ação.

Tudo foi anunciado!

Um livro que muito alertou sobre tecnologia aí em 2021, informando sobre como o sistema estava se infiltrando em nossas vidas no dia a dia sem percebermos, e também nos alertou que inconscientemente permitíamos que isso pudesse acontecer, se chama: ANTICRISTO OU

INTELIGÊNCIA ARTIFICIAL? uma parte da introdução do livro nos alerta da seguinte forma:

"O grande avanço tecnológico e suas ferramentas diversas, que acabam dominando o ser humano, que de forma consciente, vê todo o cenário escatológico se formar a sua volta, deixando-o sem entender, que alguma atitude precisa ser tomada, por mais difícil que isso seja. Ao fazer essa leitura, quero conscientizá-lo sobre o que está prestes a descobrir, devido ao alto grau de possibilidade de mudar por completo sua forma de ver, crer ou acreditar, podendo trazer diversos pontos de interrogação em sua concepção de vida." Assim alerta o autor.

No mesmo livro, existe uma informação crucial para a sobrevivência do homem aqui no futuro, a visão que o autor descreveu aí no passado foi renegada por muitos, porém ela se tornou realmente necessária aqui no futuro, talvez ele tenha errado em ter escrito essa informação em código binário que é uma linguagem reconhecida por computadores, sendo assim era necessário a tradução para compreendê-la, mas sua real intenção hoje é compreendida por nós aqui, ele na verdade queria despertar curiosidade nos menos entendidos do assunto levando-os a se despertar para este mundo de tecnologia com avanços sem fim. Veja o código descrito por ele a seguir:

Alerta em código binário!

```
     01010000  01101111  01110010  00100000
01101101 01100001 01101001 01110011 00100000
01110000 01100101 01110010 01101001 01100111
01101111 01110011 01101111 00100000 01110001
01110101 01100101 00100000 01110011 01100101
01101010 01100001 00100000 01100001 00100000
01101001 01101110 01110100 01100101 01110010
01101110 01100101 01110100 00101100 00100000
01101001 01101110 01100110 01100101 01101100
```

01101001 01111010 01101101 01100101 01101110
01110100 01100101 00100000 01101110 11100011
01101111 00100000 01100011 01101111 01101110
01110011 01100101 01100111 01110101 01101001
01110010 01100101 01101101 01101111 01110011
00100000 01101101 01100001 01101001 01110011
00100000 01110110 01101001 01110110 01100101
01110010 00100000 01110011 01100101 01101101
00100000 01100101 01101100 01100001 00101100
00100000 01110011 01100101 00100000 01100101
01110011 01100011 01110010 01100001 01110110
01101001 01111010 01100001 01100100 01101111
01110011 00100000 01110011 01101111 01101101
01101111 01110011 00100000 01100011 01101111
01101101 00100000 01100101 01101100 01100001
00101100 00100000 01110011 01100101 01101101
00100000 01100001 01110011 00100000 01110011
01110101 01100001 01110011 00100000 01100110
01100101 01110010 01110010 01100001 01101101
01100101 01101110 01110100 01100001 01110011
00100000 01100011 01101111 01101101 00100000
01100011 01100101 01110010 01110100 01100101
01111010 01100001 00100000 01101101 01101111
01110010 01110010 01100101 01110010 01100101
01101101 01101111 01110011 00101100 00100000
01101110 11100011 01101111 00100000 01110110

01100101 01101010 01101111 00100000 01101111
01110101 01110100 01110010 01100001 00100000
01101111 01110000 11100111 11100011 01101111
00100000 01101101 01100101 01101100 01101000
01101111 01110010 00100000 01110001 01110101
01100101 00100000 01101101 01101111 01100100
01100101 01110010 01100001 01110010 00100000
01110011 01110101 01100001 00100000 01110101
01110100 01101001 01101100 01101001 01111010
01100001 11100111 11100011 01101111 00100000
01101110 01100001 01110001 01110101 01101001
01101100 01101111 00100000 01110001 01110101
01100101 00100000 01110010 01100101 01100001
01101100 01101101 01100101 01101110 01110100
01100101 00100000 11101001 00100000 01101110
01100101 01100011 01100101 01110011 01110011
11100001 01110010 01101001 01101111 00101110
00100000 01000100 01100101 01101001 01111000
01101111 00100000 01100001 01110001 01110101
01101001 00100000 01110101 01101101 00100000
01100001 01101100 01100101 01110010 01110100
01100001 00100001 00100000 00100000 01000001
01100100 01110001 01110101 01101001 01110010
01100001 01101101 00100000 01100011 01101111
01101110 01101000 01100101 01100011 01101001
01101101 01100101 01101110 01110100 01101111

00100000 01110000 01100001 01110010 01100001
00100000 01110101 01110011 01100001 01110010
00100000 01100001 01110011 00100000 01100110
01100101 01110010 01110010 01100001 01101101
01100101 01101110 01110100 01100001 01110011
00100000 01110100 01100101 01100011 01101110
01101111 01101100 11110011 01100111 01101001
01100011 01100001 01110011 00101100 00100000
01101001 01110011 01110011 01101111 00100000
01110011 01100101 01110010 11100001 00100000
01110001 01110101 01100101 01110011 01110100
11100011 01101111 00100000 01100100 01100101
00100000 01110110 01101001 01100100 01100001
00100000 01101111 01110101 00100000 01101101
01101111 01110010 01110100 01100101 00100000
01100101 01101101 00100000 01110101 01101101
00100000 01100110 01110101 01110100 01110101
01110010 01101111 00100000 01100010 01100101
01101101 00100000 01110000 01110010 11110011
01111000 01101001 01101101 01101111 00101110
00101110 00101110 00001010 00001010 1.

A tradução deste código nos retorna a seguinte mensagem deixada pelo autor:

"Por mais perigoso que seja a internet, infelizmente não conseguiremos mais viver sem ela, se escravizados somos com ela, sem as suas ferramentas com certeza morreremos, não vejo outra opção melhor que moderar sua utilização naquilo que realmente é necessário. Deixo aqui um alerta! Adquiram conhecimento para usar as ferramentas tecnológicas, isso será questão de vida ou morte em um futuro bem próximo..."

Hoje estamos aqui e podemos dizer: Essa mensagem pode mudar ou manter sua vida, tecnologia aqui é tudo, não ter conhecimento dela, e decretar sua própria morte ou exílio.

Veja a seguir a capa do livro que muitos interpretaram que o personagem estampado estava fazendo uma oração e clamando a Deus, quando na verdade ele expressa preocupação com o que está acontecendo e tenta organizar sua mente sobre como ele deverá proceder para melhor viver com tudo isso que está prestes a acontecer, já que entendeu que não há mais como sair desse sistema arquitetado já a muitos anos.

ANTICRISTO OU
INTELIGÊNCIA ARTIFICIAL?

Uma explicação tecnológica para uma revelação
escatológica

Maycon Carvalho

Conclusão

O homem não conseguiu entender que a vida já era perfeita, e que a evolução que tanto queríamos e buscávamos era na verdade nossa própria destruição, pagamos para ver e por isso temos que viver essa evolução que se transformou em destruição.

Nunca imaginamos que voltar atrás seria um avanço para a humanidade, hoje, isso parece ser uma realidade, porém um caminho sem volta foi percorrido e automaticamente apagado durante o percurso, ficamos perdidos aqui. Enfim, é tudo que restou.

Sobre o Autor

Graduado em Recursos Humanos pela Faculdade Unifacvest /SC, Pós-Graduado em Gestão financeira Pela Faculdade São Luís, e graduando em Defesa Cibernética. Técnico de Informática pela Faculdade de Educação Tecnológica do Estado do Rio de Janeiro. Formado em Teologia pela Faculdade Gospel/MG, Professor de Informática, Luthier, Clarinetista, Poeta e Escritor.

escritormayconcarvalho@gmail.com

Uma carta do futuro, por Maycon Carvalho

Fatos reais comentados no livro!

1- **Neuralink** - é uma sociedade comercial neurotecnológica anglo-americana estabelecida por Elon Musk e outros oito, que relatou estar a desenvolver interfaces cérebro–computador implantáveis. A sociedade comercial foi estabelecida em 2016, em São Francisco.

2- **Metaverso** - é o termo que indica um tipo de mundo virtual que tenta replicar/simular a realidade através de dispositivos digitais. É um espaço coletivo e virtual compartilhado, constituído pela soma de "realidade virtual", "realidade aumentada" e, "Internet".

3- **Marte** - O CEO da Espace-X disse em entrevista, que em seus planos para marte, até 2050, 1 milhão de pessoas estarão vivendo lá.

4- **Nave Orion** – pousa no mar com sucesso, no oceano Pacífico no dia 11 de dezembro de 2022, concluindo a missão Artemis, da NASA.

5- **Bitcoin** – chegou ao último dia útil de 2022 com perda de 66,5%. O ano foi particularmente difícil para as moedas digitais e marcou a pior performance desde a desvalorização de 70,8% de 2018

6- **Bancos** - aderiram ao universo cripto em busca de eficiência e defesa de mercado em 2022.

7- **Real digital** – é um projeto do Banco Central do Brasil e será a versão eletrônica do real. O objetivo do desenvolvimento do real em formato digital é desenhar uma moeda digital de emissão do BC.

[87]

Conheça outros lançamentos do autor!

Pr. Maycon Carvalho
A GRANDE
CONSPIRAÇÃO
SATÂNICA
HAARI
No mundo de tantos
acontecimentos,
a realidade das
forças espirituais...

Fatos, estudos e pesquisas que não deixam margem de dúvidas quanto a Conspiração Satânica arquitetada ao longo de todos esses séculos. Neste livro portanto, descrevo de forma clara alguns destes fenômenos que aparentemente não notamos e nem damos a atenção merecida. Porém, eles se mostram claramente como agentes do mal que buscam influenciar em vários setores da sociedade, corrompendo os bons costumes, trazendo miséria, fome, mortes e destruições. Neste caso, haveria alguma possibilidade de uma base bíblica que pudesse ser comparada às profecias dos últimos dias? Não tenho dúvidas de que este livro estará preparando-o como também trazendo um alerta para os acontecimentos escatológicos, ao ponto de mudar inclusive a sua forma de ver e crer nas coisas. Porém, ao fazer a leitura deste livro, você se surpreenderá com todos fatos que não são meros acontecimentos, e sim, sinais dos quais eu e você temos que estar preparados. Por isto estou certo que o Espírito Santo colocará em seu coração uma nova visão para ver aquilo que poucos vêm. Convido-o a ampliar o seu ângulo de visão e de raciocínio para não receber de forma apavorante tudo quanto ler, mas sim para que, de forma analítica, você possa compreender e chegar à conclusão que tenho como objetivo: despertar através deste livro, à salvação em Cristo Jesus.

ANTICRISTO OU
INTELIGÊNCIA ARTIFICIAL?
Uma explicação tecnológica para uma revelação
escatológica
Maycon Carvalho

Esta é uma obra baseada em uma exortação de Paulo e em uma revelação de João, tem o intuito de descrever de forma tecnológica, e escatologicamente esclarecer, como durante o passar dos anos, aquele que é esperado com suas artimanhas malignas, não somente pretende surgir em nosso meio; mas tenho a intenção de demonstrar, como ele já está manifesto entre nós, mostrando possibilidades, dentro de uma interpretação apocalíptica, voltada para algo possível dentro da nossa realidade em nossos dias atuais; isso se dará, visto o grande avanço tecnológico e suas ferramentas diversas, que acabam dominando o ser humano, que de forma consciente, vê todo o cenário escatológico se formar a sua volta, deixando-o sem entender, que alguma atitude precisa ser tomada, por mais difícil que isso seja. Ao fazer essa leitura, quero conscientizá-lo sobre o que está prestes a descobrir, devido ao alto grau de possibilidade de mudar por completo sua forma de ver, crer ou acreditar, podendo trazer diversos pontos de interrogação em sua concepção de vida. Prepare-se emocionalmente para fazer essa leitura, não se perturbe! pois esse não é o intuito deste trabalho, o intuito deste, é quebrar as correntes psicológicas que aprisionam a humanidade, através do fideísmo e das tecnologias, que apesar de ser algo muito revolucionário e novo, parece estar ligado a alguém muito ambicioso e antigo. Enfim, Uma explicação tecnológica, para uma revelação escatológica.

Pattápio
CHERCHEZ LA FEMME
Maycon Carvalho

Esta obra, tem o intuito de não deixar morrer a história de um grande músico, o maior flautista brasileiro que nascera em Itaocara RJ, o mesmo foi possuidor de tamanho e inexplicável dom que o fizera ser invejado por muitos. Resumidamente, foram reunidos fatos importantes que darão ao leitor um conhecimento mais abrangente do que acontecera com o possuidor da flauta mágica, deixo claro que, muito ainda pode ser explorado sobre ele, sobre o que de fato ocorreu ou sobre o que de fato viveu. Seus sonhos, seus objetivos, sua trajetória, todos interrompidos, mais enfim: o que levou a sua morte? A doença? A inveja? Ou o preconceito? Isto é o que veremos durante essa leitura emocionante e conquistadora, que te levará a desejar saber ainda um pouco mais sobre o grande flautista Pattápio Silva. Todos os fatos escritos neste trabalho, são baseados em fatos reais. Viaje no passado ao fazer essa leitura e se surpreenda com as descobertas que virão ao seu decorrer.

Fontes e referências

HTTPS://PPLWARE.SAPO.PT

HTTPS://NEURALINK.COM

HTTPS://WWW.NASA.GOV

BÍBLIA DE ESTUDO PENTECOSTAL, TRADUÇÃO/ JOÃO FERREIRA DE ALMEIDA. REVISTA E CORRIGIDA. ED.1995.

JUMANJI-BEM VINDO À SELVA, JAKE KASDAN, SONY PICTURES MOTION PICTURE GROUP, 4 DE JANEIRO DE 2018.

THE 100, JASON ROTHENBERG, CHARMAINE DEGRATÉ, KIM SHUMWAY, THE CW TELEVISION NETWORK, 19 DE MARÇO DE 2014.

NOVA CAPA, YOSHIYUKI OKADA, TAKERU NAKAJIMA, NETFLIX, 19 DE MARÇO DE 2020.

UPLOAD, GREG DANIELS, OWEN DANIELS, MIKE LAWRENCE, SHEPARD BOUCHER, AMAZON PRIME VIDEO, 1 DE MAIO DE 2020.

TRANSCENDENTE: A REVOLUÇÃO, WALLY PFISTER, WARNER BROS. PICTURES; (ESTADOS UNIDOS & CANADÁ); SUMMIT ENTERTAINMENT; (INTERNATIONAL), 19 DE JUNHO DE 2014.

CARVALHO, M. ANTICRISTO OU INTELIGÊNCIA ARTIFICIAL, P.I, RJ, 2021

WIKIPÉDIA

Uma carta do futuro, por Maycon Carvalho

Uma carta do futuro, por Maycon Carvalho

Uma carta do futuro, por Maycon Carvalho